PIEL DE AGUA

♦♦♦

Miriam Mejía
2008

✳

Guapané, www.guapane.com
New York

Miriam Mejía
Piel de agua
Poemas

© 2008 Miriam Mejía

ISBN 978-0-9816086-0-0

Diseño gráfico del libro por Patricia Alvarez
Fotografía de portada por Miriam Mejía

www.miriammejia.com

Una publicación de Guapané, www.guapane.com
Impreso en los Estados Unidos de América.

Contenido

Tú .7

Simplemente te quiero 9

Piel de Agua 10

Canto a mi negritud 11

Windows on the world 13

Me sorprendo 17

12 de Noviembre. 18

Adiós 19

The Triangle 20

Sólo un momento 23

Esencia 24

Mi nidal. 25

Un hijo especial 27

La ruta de la vida. 29

Mi pájaro azul 30

Fuego del silencio 31

Certeza 32

Poema dorado 33

Noel. 34

Nostalgia 36

Inocencia 37

Instante 38

Amistad. 39

Reencuentro 40

Río Blanco 42

Estrella fugaz. 44

Intento 46

Cordura. 47

Trivialidades 48

Convocatoria. 49

Parto 50

PIEL DE AGUA

A mi madre
Francisca Elesia Campos Gutiérrez Vda. Mejía

Tú

Caminas con la hidalguía
de tus noventa y tres años,
más allá de las cosas de viejos
tanteando con tu inseparable bastón,
el siempre desconocido camino de la vida.
Con la inmensidad de tus afectos,
guardada celosamente
en el precioso baúl,
de tu memoria cristalina.
Pendiente a los ruidos de la noche,
por donde llega la presencia
de los hijos ausentes.
Presencia silenciosa
que sólo interrumpe,
el balanceo cansado
de tu olvidada mecedora de güano.
Mujer que regresa de todo,
estoica…
fuerte en tu soledad acompañada.
Atenta al ladrido de hambre

de tu perro Chivi,
o a los arrumacos de tu gata Perri.
A tientas buscando en tus bolsillos,
el olor sobrante de un tabaco,
guardado celosamente
de la vista inoportuna,
de inquisidores modernos.
Sobria en tu vestido de eterno medio luto.
Con tu sonrisa transparente,
colgada de una lágrima pasajera
ante la noticia de que un miembro de la familia,
llega o se va de la vida.
Rejuvenecida,
en tus juegos solitarios de dominó
de fichas incompletas,
de tanto exorcizar tedios inoportunos.
Tú, mujer de siempre,
rebosante de callada dignidad,
me inclino ante ti
para sólo decirte en la distancia;
"...'sión mamá"

A Luís A. Alvarez O.
orfebre de mi maravilla

Simplemente te quiero

Te quiero,

porque si.

¿Por qué no?

Porque eres,

porque no eres.

Por tus silencios que hablan.

Por tu palabra precisa.

Por el don inapreciable, de la ingenuidad de tu sonrisa.

Por fertilizar lo cotidiano, con tu genuina alegría.

Por todo lo construido a lo largo de nuestras vidas,

por todo eso y por mucho más, has hecho crecer mi respeto,

por tanto, es un apremio decirte que,

por encima de todo,

yo,

simplemente te quiero.

Piel de Agua

¡Soy piel!, ¡Soy agua!
    Agua. Piel. Agua
       Piel de agua,
diluida en manantiales eternos.
Aguas tibias. Olorosas.
Torrentes inagotables,
despeñados en cataratas cantarinas.
Pielagua preñada de aguapiel,
fuente termal rota que empapa la vida.
Mar invisible,
contenido en la timidez nacarina
de una lágrima.
Oasis de miel que alimenta la nada.
Lluvia repentina que humecta soledades,
arroyuelo rumoroso que desemboca
en ríos inexistentes.
Manantial serpenteante
entre rocas erizadas de asombro.
Agua en la Piel.
    Agua. Piel. Agua
      Piel. Agua
        Piel de agua
          ¡Piel!...
          ¡Agua!...
          ¡Soy!...

A Hortensia González, con afecto.

Canto a mi negritud

Jabá, jabá soy una negra jabá.
Gambá y jabá.
Si, así como lo oye,
una negra desteñía.
Soy una negra guillá,
que siempre anda alisá,
patisamba y entaconá
y mi bemba sin pintá.
Orgullosa de entender
el origen de mi pa'trá.
A veces me cuelgo argollas
en mis orejas achicharrás,
aprovecho y busco el negro
que dormita ahí detrás.
Mi Mamá una negra linda
que convoca a Yemayá,
se casó con Don Aníbal
quien la quiso de vedá,
hijo de Mamá Belica

vaya puez! una blanca de pua allá.
Mujer hacendosa y humilde
a quien le gustaba comer
ei sancocho e'cagne pueico,
cocinao por mi Mamá.
Soy nieta de Mamá Martha y pa' Felí,
dos negros en el más allá,
quienes nunca se enteraron
que del horno yo salí,
una negrita jabá.
¡jabá, jabá, soy una negra jabá!.

A los trabajadores y trabajadoras
del Restaurant Windows on the World,
desaparecidos(as) el 11 de Septiembre, 2001

En tributo especial a:
Luis López
y a sus familiares cercanos:
su esposa Fior y sus hijos Heily Scarlette y Lester José

A José Nicolás Peña
y a sus familiares cercanos:
su esposa Máxima y a sus hijos Edwin Nicolás y Marlin Nicole

Windows on the world
Eres esquirla de asombro calcinada
en tus espejos de fuego esmerilado.
Sendas laboriosas violentadas,
en un segundo de acero, derretido en tus alturas
cercana a la bóveda del cielo.
Estupor de una despedida inesperada
cuando el sol apenas se empinaba,
para verse reflejado en tu silencio

Torre Norte. Piso 107. 8:46 AM.
Agujero infinito de un impacto,
tu mirada huérfana se agota
en el perfil de perfecto lineado,

de tu ciudad cosmopolita casi rota.
Tus tropas remanentes se repliegan
dudando si abandonan su trinchera,
gritos en tropel las magnetizan
y se lanzan por las compactas humaredas.
El General Aníbal, camina dando tumbos
ante el horror de la caída de sus sueños,
aferrado al mástil de una mano amiga
zozobra enceguecido y sin aliento,
trastabilla entre el dolor hueco y sonoro
de una multitud a merced del desconsuelo.

Torre Norte. Piso 107. 9:03 AM.
Caos duplicado en demasía.
Tus comensales corren en desenfreno
por la herida de una mañana prisionera,
reflejada en la brillantez de hielo cristalino
de tus paredes que exudan agonía.
Escapar del horror es perentorio
trasmutando el espanto en grito ciego,
las escaleras se saturan en eco seco
al unísono de mil sirenas encendidas.

Orbitas incrédulas, cristalizan el pavor
desafiando la gravedad con valentía,
un hálito de vida queda grabado
suspendido por siempre en el vacío.
Ellis Island se despide en la distancia
del valiente arrojo de tu equipo,
trabajadores temerarios esperanzados
de no darse en un instante por vencidos.
Lágrimas espesas corren raudas
por meandros de asombros conocidos,
la confluencia del Hudson
y el East River las acunan,
en un canto de nanas al desaliento.

Torre Norte. Piso 107. 10:28 AM.
Colapsas entre nubes de polvo
y escombros retorcidos.
Profundas heridas en tus ventanas
desdibujan la abrupta despedida,
fuiste parte de ese norte obnubilado
que Minoru Yamasaki
jamás se habría imaginado.

Una espátula afilada con amor,
instrumento de trabajo fehaciente
de un trabajador inmigrante denodado,
sobrevive para mostrar por siempre
la ternura de esa fuerza diligente.
Mares de rosas se expanden en sacro manto,
por las aguas contenidas en tu simiente,
empapando con pétalos de arco iris
tus cenizas obreras aún candentes.

Me sorprendo

Me sorprendo ante la muerte
en su sorpresa,
escudada en cualquier tramo de la vida
paso denso, silencio sobrio
agotado en preguntas siempre dichas

"Temprano levantó la muerte el vuelo
temprano madrugó la madrugada…"
Miguel Hernández

12 de Noviembre

Ruta desierta y desolada
por donde ya, sólo sopla la brisa,
apenas tres minutos de vuelo en el asombro
esfumados en tu caída repentina.
Inmenso pájaro herido, en desbandada
sobrevolaste caótico la marina,
intentando retomar tu ascenso al cielo
en un instante de angustia matutina,
reflejado, en el ancho espejo
de mar en desconcierto.
Te precipitaste con violencia y gran estrépito
revestido de fuego incandescente,
calcinándote inmisericorde,
junto a todo lo que tocabas a tu encuentro.
Temprano deviniste en holocausto por siempre.
Mañanerito te llamaban con cariño,
te llevaste contigo un gran tesoro
la comunidad entristecida te recuerda
en el silencio húmedo,
de cada 12 de Noviembre.

A Benazir Buttho in memonrian

¡Mi lengua se me pegue al paladar
si de ti no me acuerdo…!
Salmo 137

Adiós

Te digo adiós, hija luminosa de la madre tierra
rescoldo flameante de la hermana luna.
Destello plateado en soledad calcinante,
que traspasa nudos de iras acumuladas.
Solitaria gladiadora de causas justas,
lágrimas de oro se vierten en tu nombre.
Tus aguas esparcidas, lavan siglos de injusticia.
Citaras mágicas acuden raudas
a tu encuentro, en singular réquiem.
Mantas violetas se desplazan solitarias,
mudas de asombro se reencuentran en ti.
Un séquito de rostros cubiertos,
deponen sus velos, en gritos de rebeldía.
Tu ausencia deviene en presencia indómita,
que inevitablemente corroerá,
silencios culpables.

Con admiración a mi hermano de la vida
Moisés David Pérez Martínez

"En la pugna entre el arroyo y la roca,
siempre triunfa el arroyo…
no porque sea muy fuerte
sino porque persevera"
J. Brown

"Seamos realistas, hagamos lo imposible"
Ernesto (Che) Guevara

The Triangle

Hoy me regocijo en ti,
triángulo maravilloso.
Celebro en grande
tu atípica singularidad,
dardo certero que resquebraja
poderes establecidos,
hormiga laboriosa
que inquieta el pastar de elefantes.
Corazones se alegran en tu nombre.
Walt Withman con versos lilas,
saluda tu nacimiento.
Desde su altura suprema
se deleita mirando el Hudson

convertido en corrientes de cayenas,
ruta por donde plácida navega
el arca de Moisés
pilar cósmico de tu cuna de estrellas.
En susurros de agua,
una isla comparte complicidades
con otra isla.
Con regalos de ámbar y larimar,
celebran las buenas nuevas.
Saint Nicholas baila merengue
en el olvido plateado del teatro San Juan,
jubiloso convoca la presencia trinitaria
del Patricio Juan Pablo Duarte,
y parapetados en tu frontera oeste
te cuidan con cautela.
Diez palomas blancas, en vuelo circular
anuncian la llegada de C. Audubon,
quien sonriente retorna
desde su silencio en Trinity,
para dirigir una sinfonía coral
compuesta por 166 ciguas palmeras.
Melodiosos trinos de colibríes

desde el alto cielo en Manhattan,
saludan a Quisqueya.
Güiras, tamboras y acordeones
cuelgan de la rivera del Harlem River.
En éxtasis solemne, Malcon X da apertura
a las celebraciones en tu nombre.
Vistosas y coloridas carrozas
se posesionan en tus vértices.
Henchida de orgullo,
la comunidad te observa
con sonrisa de miel,
mientras descorcha botellas
de guababerry, guarapo y mabí seybano.
Con salves y al compás de palos y tambores
se convoca la protección
de Anaísa y San Miguel,
en ruego amoroso por tu desarrollo sano.

Sólo un momento

Embeleso de un instante,
por donde transita
la palabra vigorosa y apremiante.
Resquicio mágico que obtura lo innombrable.
Soliloquio alumbrando lo desconocido,
partenogénesis silenciosa y abrupta.
Sólo un momento
de brillo cegador,
luego… la nada,
reiniciando el todo.

Esencia

Baile de aroma refrescante
enroscado en mis sentidos.
Danza tímida, envolvente
que me atrapa, me adormece
me relaja, ya no miro.
Conozco tu procedencia
tus orígenes, ¡ay bendito!
me dejo llevar por ti,
baile esencia, abrazo fortuito.

A mi hijo,
Luís Eduardo Álvarez Mejía

Mi nidal

Oyendo a mi madre un día,
hablando de su nidal
nunca me imaginé,
que a mi me podría pasar.

Pues mira que así ocurrió,
de manera natural
siempre hablo con entusiasmo,
de mi querido nidal.

Desde muy corta edad mostró
la fuerza de su carácter,
exigiendo lo deseado
con decisión y coraje.

Es un ser humano sensible
con profunda preocupación social,
define con madurez
la meta que quiere lograr.

Admiro su parquedad
sé muy bien que es creativa,
compone, siempre compone
el ritmo que palpa de la vida.

Gualo, es mi muchacho bueno
mi último hijo, mi nidal
me enorgullece su temple,
su carisma y creatividad.

A mi hijo,
Luís Ernesto Álvarez Mejía

Un hijo especial

Estoy orgullosa de ti,
de tu gran responsabilidad
te hiciste un hombre de bien,
eres un hijo especial.

Mi Netoqui, niño grande
deviniste en lo que eres,
hombre fuerte, inteligente
que sabe cuidar lo que quiere.

Te digo mi muchachote
con cariño maternal,
aunque no te guste oírlo
eres un hijo especial.

Con carisma, independiente
y corazón generoso,
eres amigo entrañable
brindando a todos ese gozo.

De mirada sincera y tierna
y sonrisa sin igual,
te llevo en mi corazón
eres un hijo especial.

La ruta de la vida

Te miro en tu quehacer
y tengo que repetirme,
mi niña ha quedado atrás
con el correr de los años,
en su lugar, surgiste tú,
mujer hija, a quien amo.
Tu madurez me conforta
y me da seguridad
de que al irte a tu nuevo espacio,
tu destino sabrás labrar.
Te deseo todo lo bueno
en ese nuevo caminar,
por la ruta de la vida
que tanto nos pone a reflexionar.
Ve junto al hombre que amas
y disfruta a plenitud,
todo lo digno a tu alcance
que es la mejor virtud.
        Hija buena,
        mujer fuerte,
te quiero una inmensidad,
estoy contenta, lo sabes
de que andes explorando
el sendero de tu felicidad.

Mi pájaro azul

Sin ser de nadie, te miro
  y siento que me perteneces
    pájaro solitario,
      de plumaje azul celeste.

Llegas planeando suave
  y desciendes imponente,
    te posas por un instante
      y pronto desapareces.

No espero por tu llegada
  porque sé, que estás presente,
    en cualquier otro lugar
      donde a alguien, tú, entretienes.

La buena suerte de tu visita
  la guardo como amuleto,
    hasta que te vuelva a ver
      con el transcurrir del tiempo.

Ave turquesa volaste
  dejando tu estela azul,
    para abonar corazones
      desde el norte hasta el sur.

Fuego del silencio

Deambulo por rutas de insomnio
en noches sin amaneceres,
ahuyento fantasmas desnudos
que regresan imperturbables,
al reencuentro con mis palabras no dichas.
Inquieta reinvento lo inexistente
al amparo de ovejas con alas,
que sonrientes y triunfantes
se alejan por el firmamento de la duda.
El fuego del silencio lacera.
En apremiante exorcismo,
convoco la poesía
…nace un verso.

Certeza

En la certeza de tu afecto
corro ligera y me escudo
de aquello que me perturba.
Enarbolo la bandera de un te quiero
y todo lo demás se exorciza
por añadidura.

Poema dorado

Soñé que soñaba un poema dorado
con letras esculpidas en oro,
nueve estrellas lo adornaban
y en susurros de cascada
a la vida le cantaba.
Un poema refulgente
que también soñó que soñaba
con las guerras como prehistoria,
de una época olvidada.
Estremecido de asombro
soñó que se despertaba.
Su temblor iridiscente
me despertó anonadada,
con una sensación fuerte y extraña
fluyendo de mis entrañas.
Ríos rojos se desbordan
y yo estoy paralizada,
los sueños se me escapan
sólo me queda la palabra,
dardo ardiente y sigiloso
de mi poema dorado.

"…que día vendrá,
 oculto en la esperanza,
 con su canasta llena de iras implacables"
"Hay un país en el mundo"
Don Pedro Mir

Noel

Arribaste en Octubre
sin trineos ni sonajeros navideños
No un Diciembre, Noel de Octubre.
Tú, tormenta nuestra,
formada entre nimbos y cirros,
que vigilan el sueño intranquilo
de una isla a merced de tempestades.
Pletórica de circo y huérfana de pan.
Nadie te anunció Noel y tú te sabías poderosa,
digna de todas las precauciones.
Llevabas en tu vientre,
veinte pulgadas de agua cristalina.
La importancia de tu visita
requería el grito previsor,
¡que viene Noel!... ¡que viene Noel!.
Grito a ser escuchado,
por los niños de riveras de ríos y arroyos,
por los habitantes de cañadas
y de zonas de deslaves,

por los marginados de aquí, de allá y acullá,
por todos los pobres de las montañas
y de los valles.
Pero no.
No pudieron enterarse de que llegabas,
hasta tu llegada misma.
El alerta roja estuvo ausente,
solo el crispar circense.
Te lloraste sola,
y te derramaste en lluvia gruesa, inacabable
sobre la pobreza de siempre,
sobre la miseria repetida y ultrajante.
Atónita, te mezclaste
con el lodo reseco del desamparo social,
tus aguas se tornaron amarillas de asombro,
empapando las laderas marinas
de las montañas de Barahona.
Trémula tu súbita pleamar subió a Paraíso,
tus lagrimas pernoctaron en las alturas de Ocoa
y en las planicies de San Cristóbal, Villa y Cotuí.
Con la tristeza de tu recorrido a cuestas,
te alejaste por ríos obesos de precariedades.
Sólo tu limo ha quedado, para fertilizar
la esperanza que lentamente se filtra,
del ánfora mojada de la siempre alerta Pandora.

Nostalgia

Deliro en el ausente verdeazul
de tu inmensidad marina.
Cabalgo la ausencia-presencia
de tus valles y montañas.
En éxtasis momentáneo, recorro
tus inmensidades isla mía.
Te siento remota,
pero casi puedo palpar tu cercanía.
Tu calidez me embarga,
en silencio asciendo por tus olorosas serranías.
La nostalgia es distancia diluida,
en el mar de los recuerdos.
Te pienso isla patria
y alucinada corro en busca de ti
por complejas rutas de metal,
despierto de mi ensueño,
sonrío en la distancia
me apresuro y compro un ticket aéreo.

Sept. 2007
A Ely Rios Jiménez Mejía con afecto profundo

Inocencia

Gorjeo madrugador,
que se amamanta de frutas exóticas.
Exploración infinita
que construye y des-construye,
castillos parlanchines.
Caminar inseguro,
por senderos de girasoles
amigables y reverenciosos.
Inocencia sudorosa,
a la caza de monstruos inexistentes.
Carcajadas cristalinas
que vuelan en redondel.
Sonrisas selectivas
escarbando afectos escondidos.
Lloro necesario,
pletórico de búsquedas perentorias.
entusiasmo imperecedero
en picaresco salto
obviando escalones de cristal.
Hormigas prisioneras
en miradas atónitas.
Juego olvidado,
al doblar de una esquina de la vida

Instante

Telaraña envolvente
adherida a relucientes gotas de sudor.
Murmullo de algas marinas
en crescendo.
Oquedades en súbito temblor.
Roca y arena en iridiscente amasijo.
Ríos aromáticos
desbordados en corrientes,
preñadas de asombro.
Instante adormecido
en la cercana curvatura
del horizonte infinito de tu piel.

Amistad

Saludo en alborozo,
conversación inconclusa
tensiones disipadas
desacuerdos en tácito acuerdo
solidaridad sonriente
miedos descubiertos
soledad sin disfraz
abrazo perfectamente cincelado
un verso soñado.
Poesía vestida de gala para
la celebración infinita de los afectos.

Reencuentro

Renacida de ti misma,
paseaste ingrávida
por laberintos
de festivas buganvillas.
Arrebolada acudiste al reencuentro
de perdidas nostalgias,
que displicentes dormitaban
en despiertas madrugadas.
Poseíste en extravío
la mansedumbre,
de olvidados equinoccios
lejano remanente
de tus primaveras inexistentes.
Aposentaste en las profundidades
del universo de tus afectos,
con vestimenta de agua y fuego
te derramaste,
en titilantes gotas de rocío
sobre las siemprevivas arrugas

y adoquines esmerilados
del recién nacido siglo.

*En reverencia eterna
al pueblo de Jimaní
y a las comunidades haitianas
de Mapou y Font Verte*

Río Blanco

Furioso en su repentino despertar
el río de blancos pedregales,
henchido de lluvia
bajó estrepitoso
por el seco cauce.
Entre rayos centelleantes
y ensordecedoras tronadas
desbordó la rutina de su andar.
Con bramidos
multiplicados en cercano eco
se despeñó irascible
por las peladas faldas de las montañas.
Golpeó enloquecido,
hasta dejarlas marcadas
con profundas cicatrices.

Mancillando la desnudez plácida
del sueño de la madrugada,
sus aguas penetraron avasallantes
a través de cerradas puertas y ventanas.
Inmisericorde,
cabalgó apocalíptico
desenterrando la muerte
y esparciendo espanto.
En la eternidad
de cuatro horas,
engulló la vida
vomitando despojos
en las salinidades
de las tranquilas aguas
del cercano lago.
Avergonzado de si mismo
sus turbias aguas
desaparecieron raudas.
De nuevo se vistió de blanco
y en silenciosa mansedumbre
se escondió en su lecho.
Evitaba ser testigo de la secuela de su furia

"Pasar por todo una vez,
ligero, siempre ligero
que no hagan callos las cosas
ni en el alma ni en el cuerpo…"
León Felipe

Estrella fugaz

Rasgadura de luz
que traspasa catedrales
de estalactitas ignotas
gemido estertóreo
desgajado en segundos milenarios
aleteo primigenio
acunado en fluidos ancestrales
roce tenue que devela
la inmensidad de la nada
timidez en perfecta cuadratura
vientecillo rumoroso
polinizando praderas afectiva
cincel luminoso
que moldea saetas
disparadas al centro mismo
del dolor echo verbo
manadas de unicornios
enloquecidos y sudorosos

cabalgan galaxias infinitas
Incredulidad diluida
en rios de torrentes nacarinos
la impotencia se pasea apocalíptica
por caminos siempre andados
astros convocados
montan guardia
a un arcoiris sin curvatura
un Vivaldi enternecido
interpreta una sinfonía
que desencadena
lluvias cristalizadas
grito silente
extraviado en corneas de miel
túnel de tránsito instantáneo
trasmutado en coordenadas infinitas
la luz de la noche se extingue
entre cánticos de alabanza
que hacen eco
en el polvo cósmico
de un cometa inexistente
temerosas, las tinieblas
de un nuevo día
saludan la partida
de una estrella fugaz

Intento

Ella y el se abrazaron
en un esfuerzo
por retener el amor.
La rutina agobió sus cuerpos
y se quedaron dormidos.
Al despertar,
ya el amor no estaba.
El intento llegó tarde.
Se entretuvo en si mismo.

Cordura

Temprano,
vestí de cordura
la hermosa ilusión
que brotaba alada
en cada pensamiento
derramándose tumultuosa
por cada poro de la piel.
La pesadez de un ropaje milenario
la convirtió en pretérito
sin llegar a ser presente

Trivialidades

Hoy estoy
al lado del camino
por donde pasa la vida.
En este momento
las trivialidades
inundan mi existencia
las sin importancias
minimizan mi cotidianidad.

Convocatoria

En trémulo soliloquio
pronuncio tu nombre,
sólo sílabas emergen a contrapunto
cual alegres serpentinas
acuden raudas,
a la urgente convocatoria
de la fiesta de tu piel.

A Patricia Mercedes Álvarez Mejía
mi niña hija

Parto

Tiempo detenido
en el tic-tac de cada segundo.
Un nuevo día
se cuela silencioso,
por la oscuridad
de una madrugada brillante.
Madrugada de ojos expectantes,
vestida de insomnio.
Es, 15 de Septiembre 1978.
Bisturí que cincela
el dolor ausente.
Dolor convocado,
Oxigenación,
anestesia,
llanto,
luz, alegría, somnolencia,
parto, nacer.
La vida se convoca
y al filo de las siete de la mañana,

se hace visible en el llanto hermoso
de un cuerpecito húmedo de ternura.
Desde entonces y desde antes,
eres mi niña buena
estando despierta
y de dormir como pececito
lánguido y apacible.
Por siempre te querré.